| | |
|---|---|
| okul - yachay wasi | 2 |
| seyahat - ch'usay | 5 |
| ulaşım - astana | 8 |
| şehir - llaqta | 10 |
| arazi - wanlla | 14 |
| restoran - mikhuna wasi | 17 |
| süpermarket - jatun qhatu | 20 |
| içecekler - upyanakuna | 22 |
| yemek - mikhuna | 23 |
| çiftlik - chakra wasi | 27 |
| ev - wasi | 31 |
| oturma odası - k'illi wanlla | 33 |
| mutfak - wayk'una wasi | 35 |
| banyo - akana wasi | 38 |
| çocuk odası - wawa k'uchu | 42 |
| kıyafet - p'acha | 44 |
| ofis - ujisina | 49 |
| ekonomi - qullqikamay | 51 |
| meslekler - llamk'aykuna | 53 |
| aletler - ruk'awi | 56 |
| müzik enstrümanı - takichiy nakuna | 57 |
| hayvanat bahçesi - jatun uywa kancha | 59 |
| sporlar - atipanaku pukllay | 62 |
| etkinlikler - ruwakuna | 63 |
| aile - yawar masikuna | 67 |
| vücut - uqhu | 68 |
| hastane - Jampina wasi | 72 |
| acil - urjinsia | 76 |
| dünya - Pacha | 77 |
| saat - phani (kuna) | 79 |
| hafta - qanchischaw | 80 |
| yıl - wata | 81 |
| şekiller - pacha tupusqa rikch'ay | 83 |
| renkler - llimp'ikuna | 84 |
| zıt anlamlılar - wakjinakuna | 85 |
| sayılar - yupaykuna | 88 |
| diller - simikuna | 90 |
| kim / ne / nasıl - pi / ima / imayna | 91 |
| nerede - maypi | 92 |

Impressum
Verlag: BABADADA GmbH, Nedderfeld 112 , 22529 Hamburg
Geschäftsführer / Verlagsleitung: Harald Hof
Druck: Books on Demand GmbH, In de Tarpen 42, 22848 Norderstedt

Imprint
Publisher: BABADADA GmbH, Nedderfeld 112 , 22529 Hamburg, Germany
Managing Director / Publishing direction: Harald Hof
Print: Books on Demand GmbH, In de Tarpen 42, 22848 Norderstedt

# okul
# yachay wasi

- sınıf / yachaqaywasi
- böl rak'iy
- tahta / pirqa qillqana
- okul bahçesi / kancha
- öğretmen / yachachiq
- kağıt / raphi
- yazmak / qillqay
- kalem / qillqana
- masa / llamk'a jamp'ara
- cetvel / chiqanchana
- kitap / p'anqa
- öğrenci / yachaqaq

okul çantası
wayaqa

kalemlik
p'uktaki llimp'i qillqana

kurşun kalem
yana qillqana

kalem açacağı
ñawch'ina

silgi
qillqakhituna

çizim defteri
qillqana p'anqa siq'inapaq

çizim
siq'i

resim fırçası
chukcha llimp'ina

boya kutusu
p'uktaki llimp'ikuna

makas
k'utuna

tutkal
k'akachana

alıştırma kitabı
qillqana p'anqa ruwanakuna

ödev
kamachinakuna

sayı
yupay

ekle
yapay

çıkar
qhichuqay

çarp
mirachay

hesapla
yupanchay

harf
sanampa

alfabe
sanampakuna

kelime
simi rimay

okul - yachay wasi

metin
qillqa

okumak
ñawiriy

tebeşir
iskuna

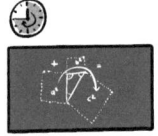

ders
yachachina

kayıt
qillqana p'anqacha

sınav
chaninchana

sertifika
certificaru

okul forması
uniforme

eğitim
yachay

ansiklopedi
jatun simi pirwa

üniversite
Jatun yachaywasi

mikroskop
microscopio

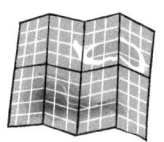

harita
saywa siq'i

kağıt çöp kutusu
raphi chuqana

okul - yachay wasi

# seyahat
# ch'usay

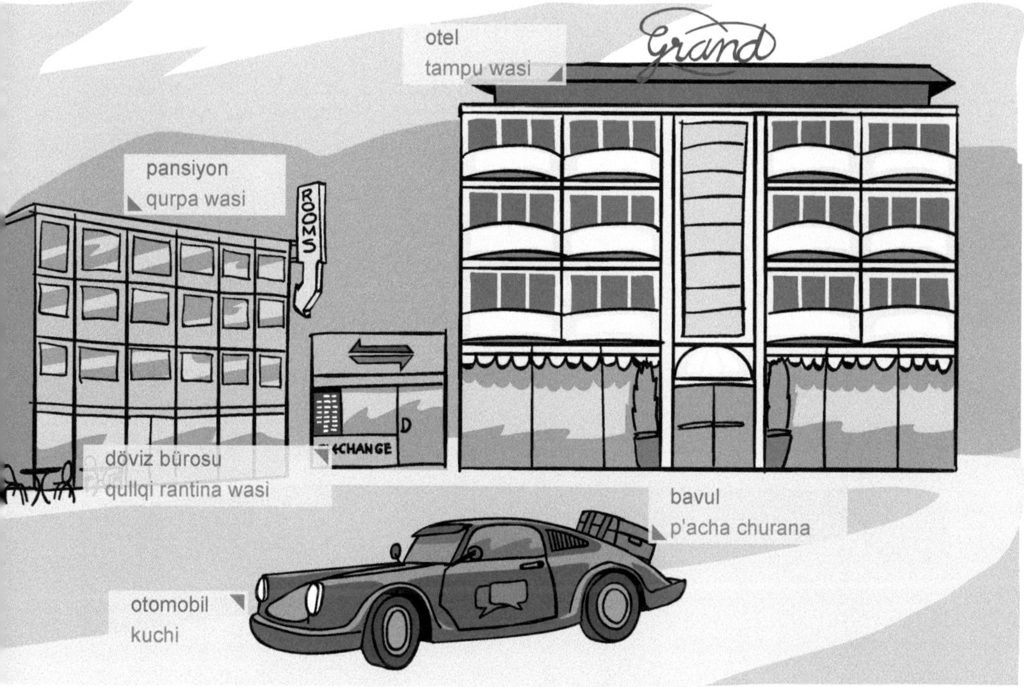

otel
tampu wasi
Grand
pansiyon
qurpa wasi
ROOMS
döviz bürosu
qullqi rantina wasi
CHANGE
bavul
p'acha churana
otomobil
kuchi

dil

simi

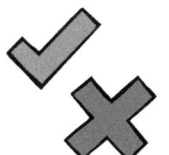

evet / hayır

ari / mana

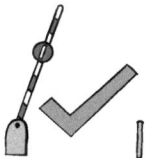

Tamam

ari

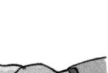

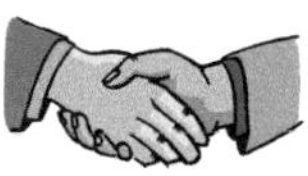

merhaba

Imaynalla

çevirmen

tikraq

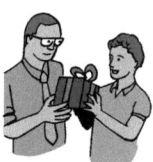

Teşekkür ederim

Pachi

bu ... ne kadar?
¡Machkhataq?

anlamadım
Mana yachanichu

problem
ch'ampay

İyi akşamlar!
¡Allin tuta!

Günaydın!
¡Allin P'unchaw!

İyi geceler!
¡Allin tuta!

güle güle
tinkunakama

yön
pusachay wasi

bagaj
q'ipi

çanta
wayaqa

sırt çantası
wasa wayaqa

misafir
jamuynisqa

oda
wasi

uyku tulumu
puñunapaq wayaqa

çadır
tienda

seyahat - ch'usay

| turist danışma | sahil | kredi kartı |
| turismu willakuy | quchapata | tarjita kriditumanta |

| kahvaltı | öğle yemeği | akşam yemeği |
| paqarin mikhuy | chawpi p'unchaw mikhuy | tuta mikhuy |

| Bilet | asansör | pul |
| qullqi | makina wicharinapaq | unanchana |

| sınır | gümrük | elçilik |
| saywa | adwana | imwajada |

| vize | pasaport |
| visa | pasapurti |

seyahat - ch'usay

# ulaşım
## astana

uçak
lata p'isqu

gemi
wamp'u

yangın söndürme pompası
bumbiru kuchi

otobüs
awtuwus

kamyon
kamiun

motorlu tekne
mutur wamp'u

otomobil
kuchi

bisiklet
wisiklita

feribot
quchacha

bot
wamp'u

motosiklet
mutu

polis arabası
pulisiyap autun

yarış arabası
usqay karru

kiralık araba
kuchi manukuna

ortak araba
kuchi manu

çekici
grua

çöp kamyonu
q'upa kamiun

motor
mutur

yakıt
gasulina

benzinlik
gasulinamanta istasiun

trafik işareti
chakatana sanampa

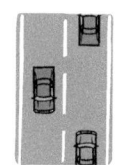
trafik
trajiku

trafik sıkışıklığı
chakatana

otopark
istasiun

tren istasyonu
trin estasiun

ray
ñankuna

tren
trin

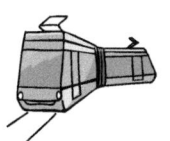
tramvay
tranwia

vagon
wagun

ulaşım - astana

helikopter
ilikuptiru

havaalanı
lata p'isqu kiti

kule
pukara

yolcu
pasaqlla

konteyner
jatun p'uktaki

koli
karton p'uktaki

yük arabası
kapachu

sepet
isanka

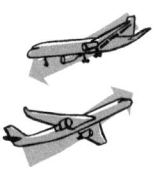
kalkış / iniş
phaway / uray

# şehir
# llaqta

köy
llaqta

şehir merkezi
chawpi jatun llaqta

ev
wasi

şehir - llaqta

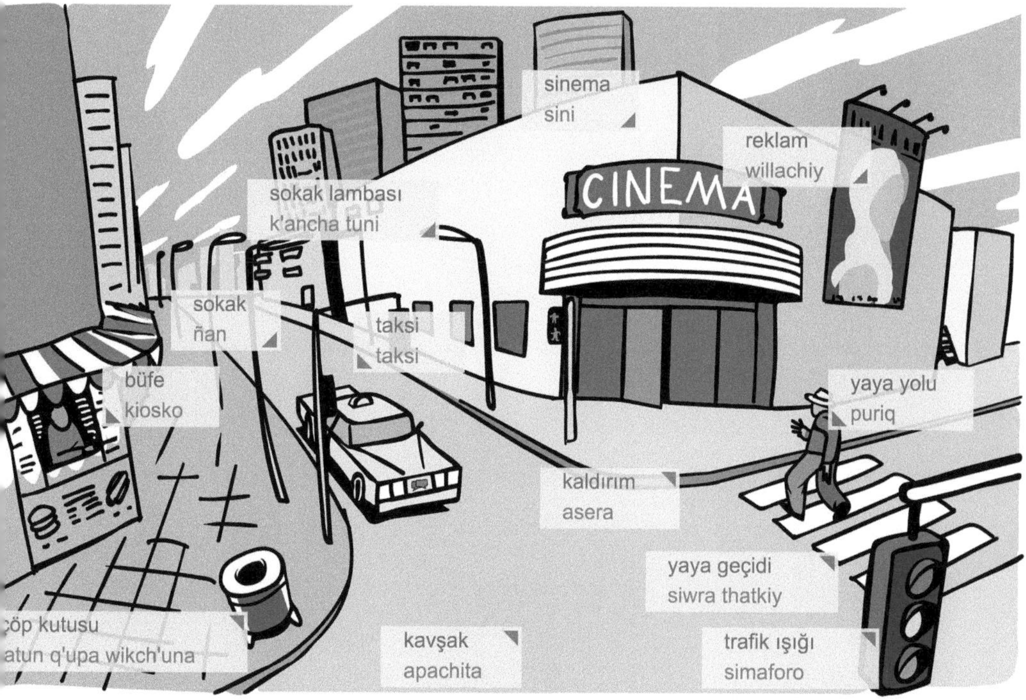

sinema
sini

reklam
willachiy

sokak lambası
k'ancha tuni

sokak
ñan

taksi
taksi

büfe
kiosko

yaya yolu
puriq

kaldırım
asera

yaya geçidi
siwra thatkiy

çöp kutusu
atun q'upa wikch'una

kavşak
apachita

trafik ışığı
simaforo

kulübe

ch'ullka

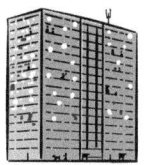

apartman dairesi

apartamento

tren istasyonu

trin estasiun

belediye binası

tantanakuy wasi

müze

rikuchina wasi

okul

yachay wasi

şehir - llaqta

üniversite
Jatun yachaywasi

banka
qullqi pirwa

hastane
Jampina wasi

otel
tampu wasi

eczane
jampi ranqhana wasi

ofis
ujisina

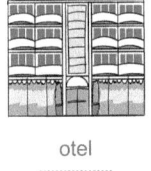
kitapçı
p'anqa pirwa

mağaza
tienda

çiçekçi
t'ika wasi

süpermarket
jatun qhatu

market
qhatu

büyük mağaza
jatun pirwa

balık satıcısı
challwa wasi

alışveriş merkezi
jatun rantina wasi

liman
wamp'u qhispinan

şehir - llaqta

park          bank           köprü
jark'asqa chiqan   qullqi pirwa   chaka

merdiven      metro          tünel
wichana       metro          suqhu

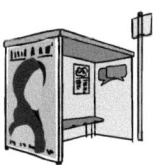

otobüs durağı   bar           restoran
autuwus sayana   bar           mikhuna wasi

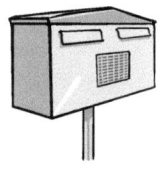

posta kutusu   sokak tabelası   otopark sayacı
willa qillqa juch'uy wanqara   t'uqsi tuni   parkimetro

hayvanat bahçesi   yüzme havuzu   cami
jatun uywa kancha   armakuna     meskita

şehir - llaqta

| çiftlik | kirlilik | mezarlık |
| chakra wasi | pacha unquchiq | Aya pampa |

| kilise | oyun alanı | tapınak |
| iñiy wasi | pukllana kancha | Qhapana |

## arazi
## wanlla

- yaprak / raphi
- yön tabelası / sanampa
- yol / ñan
- çayır / waylla
- taş / rumi
- ağaç / sach'a
- yürüyüşçü / puriq runa
- ırmak / mayu
- çimen / sach'a
- çiçek / t'ika

vadi
qhichwa

tepe
muqu

göl
qucha

orman
Sach'a sach'a

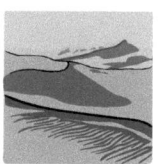

çöl
purun

volkan
nina phuqchiq urqu

kale
kastilla wasi

gökkuşağı
k'uychi

mantar
champiñun

palmiye
chunta

sivrisinek
ch'uspi

sinek
ch'uspi

karınca
sik'imira

arı
wara

örümcek
kusi kusi

arazi - wanlla

böcek
ch'iqi

kurbağa
k'ayra

sincap
artilla

kirpi
askanku

yabani tavşan
liwre

baykuş
ch'usiqa

kuş
p'isqu

kuğu
yuku p'isqu

yaban domuzu
sintiru

geyik
sierwu

geyik
alsi

baraj
waykhasqa

rüzgar türbini
wayrakallpa

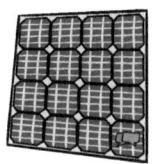

güneş paneli
inti panil

iklim
pacha wayra

arazi - wanlla

# restoran
# mikhuna wasi

- garson
  wayna yanapaq
- menü / menu
- sandalye / tiyana
- çorba / supa
- pizza / pitsa
- çatal - bıçak / tumina
- masa örtüsü / mast'a jamp'ara

başlangıç
ñawpaq mikhuna

ana yemek
yari mikhuna

tatlı
mikhuy yapa

içecekler
upyanakuna

yemek
mikhuna

şişe
wutilla

restoran - mikhuna wasi

fastfood
saqra ura

sokak yemeği
kalli mikhuna

çaydanlık
te churana

şekerlik
misk'i churana

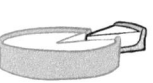
porsiyon
chhika

espresso makinesi
cajitira iksprisu

mama sandalyesi
jatun tiyana

fatura
yupay

tepsi
bandija

bıçak
tumi

çatal
tinidur

kaşık
wislla uña

çay kaşığı
juch'uy wislla uña

servis peçetesi
simi pichana

bardak
qhispi akilla

| | | |
|---|---|---|
| 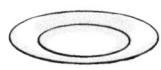 |  |  |
| tabak<br>chuwa | çorba kasesi<br>chuwa | fincan altlığı<br>chuwa |
|  |  |  |
| sos<br>salsa | tuzluk<br>kachi churana | karabiber değirmeni<br>pimienta kutana |
|  | 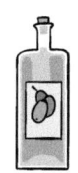 | 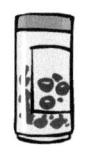  |
| sirke<br>k'allkucha | yağ<br>llukllu | baharat<br>ch'aki q'mirkuna |
|  |  |  |
| ketçap<br>ketchup | hardal<br>mostaza | mayonez<br>mayonisa |

restoran - mikhuna wasi

# süpermarket
# jatun qhatu

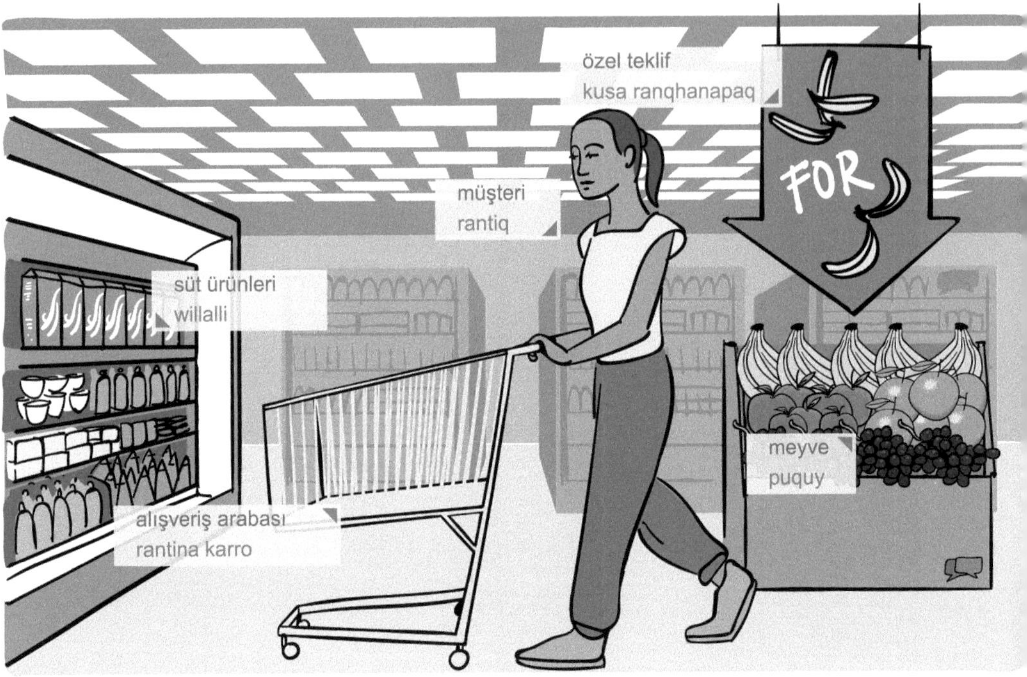

özel teklif
kusa ranqhanapaq
FOR
müşteri
rantiq
süt ürünleri
willalli
meyve
puquy
alışveriş arabası
rantina karro


BUTCHERS


kasap

aicha wasi

BAKERY


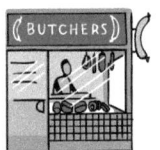

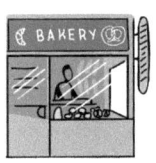

fırın

t'anta wasi

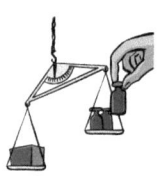

tartmak

llasay

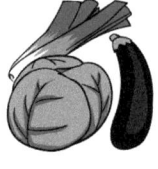

sebze

q'umirkuna

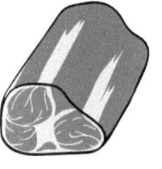

et

aycha

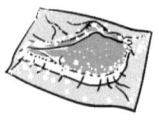

donmuş gıda

chhullunka mikhuna

söğüş et
quqawi

konserve yiyecek
mikhuna unaychasqa

toz deterjan
ditirjinti

şekerlemeler
misk'ikuna

ev temizlik ürünleri
wasimanta pruduktu

temizlik ürünleri
maylla produkto

satış görevlisi
ranqhaq

yazar kasa
kartun p'uktaki

kasiyer
kajiru

alışveriş listesi
sinru qillqa rantina

açılış saatleri
sumaq runa uyarina phani

cüzdan
qullqi wayaqa

kredi kartı
tarjita kriditumanta

çanta
plastiko wayaqa

plastik poşet
plastiku wayaqa

süpermarket - jatun qhatu

# içecekler
## upyanakuna

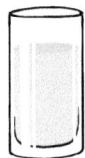
su
yaku

meyve suyu
jilli

süt
ch'awa

kola
coca cola

şarap
vino

bira
sirwisa

alkol
alkula

kakao
kakawu

çay
te

kahve
caji

espresso
ieksprisu

kapuçino
capuchinu

# yemek
# mikhuna

muz
platanu

elma
mansana

portakal
laranja

kavun
milun

limon
limun

havuç
sanawrya

sarımsak
aju

bambu
wamwu

soğan
siwulla

mantar
champiñun

çerez
awillana

makarna
jirius

yemek - mikhuna

spagetti
ispawiti

pirinç
arrus

salata
sarsa

cips
papa kanka

patates kızartması
papa kanka

pizza
pitsa

hamburger
amwirkisa

sandviç
sanwich

şinitzel
jiliti

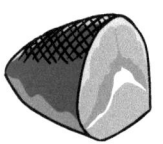

pastırma
jamun

salam
salami

sosis
salchicha

tavuk
chichilu

rosto
aycha kanka

balık
challwa

yemek - mikhuna

yulaf ezmesi
p'aqa awina

müsli
muesli

mısır gevreği
p'aqa sara

un
jak'u

kruvasan
krwasan

küçük ekmek
k'awka

ekmek
t'anta

tost
t'anta jamk'a

bisküvi
khamuna

tereyağı
mantikilla

kaymak
ñuqñu

kek
pastil

yumurta
runtu

sahanda yumurta
runtu kanka

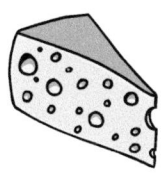
peynir
masara

yemek - mikhuna

dondurma  
chullunka misk'i

şeker  
misk'i

bal  
wayrunq'u misk'i

reçel  
mirmilara

fındık ezmesi  
krima turrunmanta

köri  
kurri

yemek - mikhuna

# çiftlik
## chakra wasi

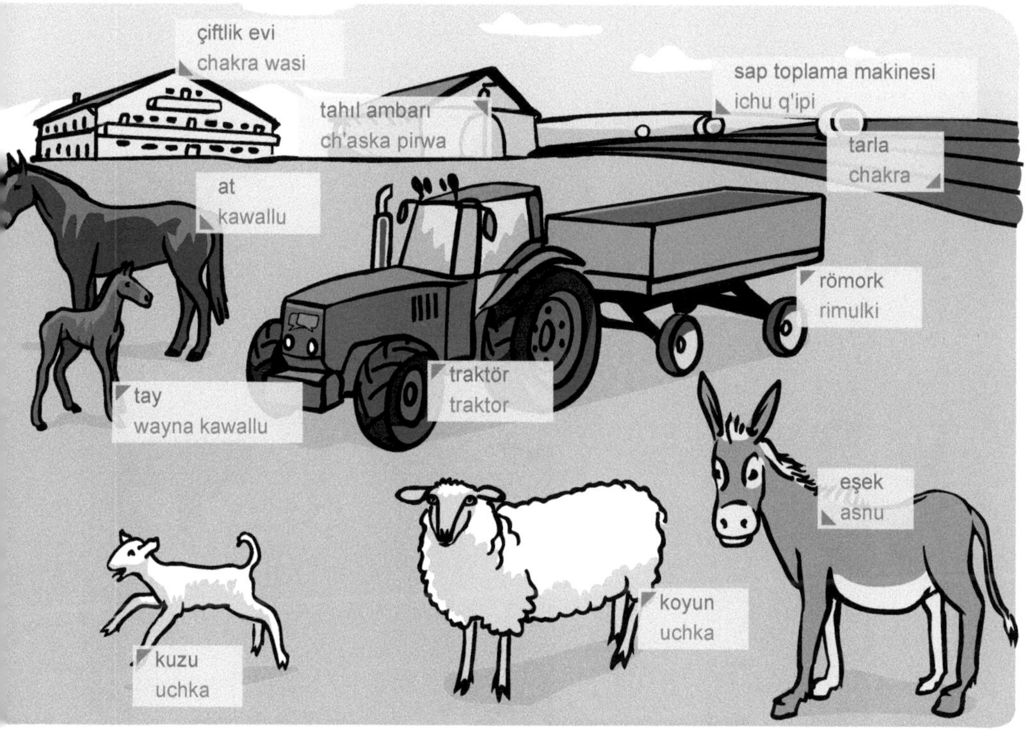

- çiftlik evi / chakra wasi
- tahıl ambarı / ch'aska pirwa
- sap toplama makinesi / ichu q'ipi
- tarla / chakra
- at / kawallu
- römork / rimulki
- tay / wayna kawallu
- traktör / traktor
- eşek / asnu
- kuzu / uchka
- koyun / uchka

keçi
karwa

inek
waka

buzağı
waka uña

domuz
khuchi

domuz yavrusu
khuchi uña

boğa
turu

kaz
wallata

ördek
pili

civciv
chchilu

tavuk
wallpa

horoz
k'anka

sıçan
jatun juk'ucha

kedi
misi/michi

fare
juk'ucha

öküz
turu

köpek
alqu

köpek kulübesi
alquwasi

bahçe hortumu
mankira

sulama kabı
qarpana jalp'a

tırpan
rutuna

pulluk
taklla

çiftlik - chakra wasi

orak
rutuna

çapa
liwk'ana

dirgen
sipina

balta
ayri

el arabası
kapachu

yemlik
yaku upyana

süt kovası
willalli purunku

çuval
jatun wayaqa

çit
jark'aq ch'ipa

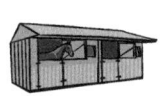

ahır
kancha wasi

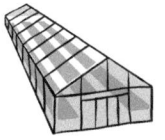

sera
inwirnadiru

toprak
pampa

tohum
muju

gübre
wanu

biçerdöver
makina allana

çiftlik - chakra wasi

hasat etmek
allay

harman
allay

tatlı patates
ñame

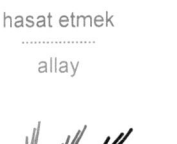
buğday
tiriwu

soya
soya

patates
papa

mısır
sara

kolza
kulsa luru

meyve ağacı
wayu sach'a

manyok
mandiuka

hububat
ch'aki puquy

çiftlik - chakra wasi

# ev
## wasi

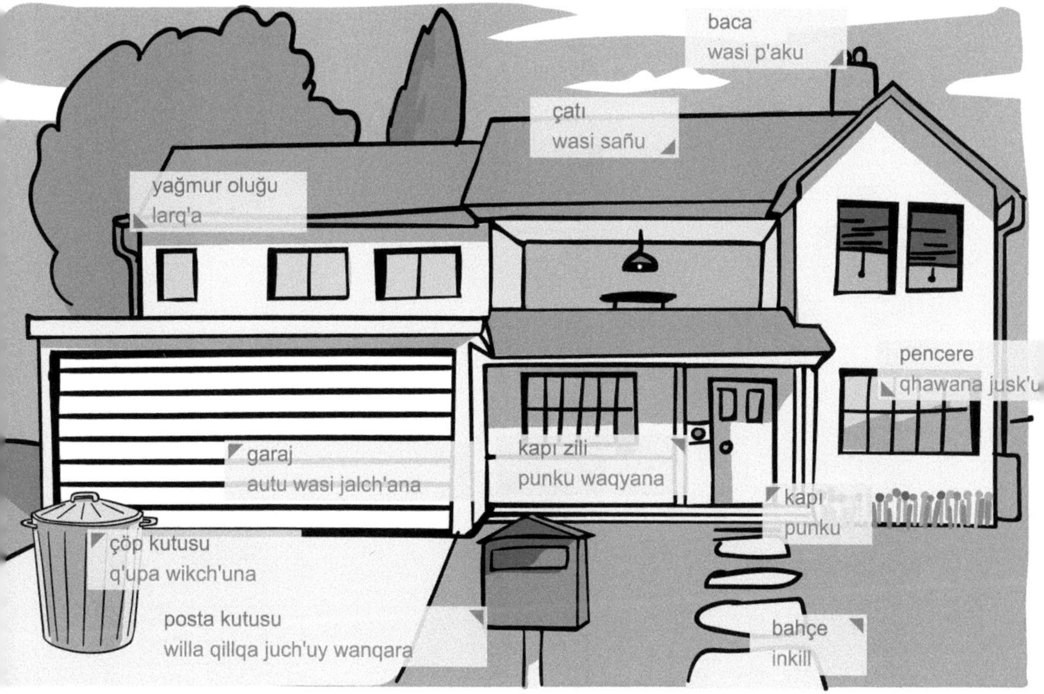

- baca / wasi p'aku
- çatı / wasi sañu
- yağmur oluğu / larq'a
- pencere / qhawana jusk'u
- garaj / autu wasi jalch'ana
- kapı zili / punku waqyana
- kapı / punku
- çöp kutusu / q'upa wikch'una
- posta kutusu / willa qillqa juch'uy wanqara
- bahçe / inkill

oturma odası
k'illi wanlla

banyo
akana wasi

mutfak
wayk'una wasi

yatak odası
puñuna wasi

çocuk odası
wawa k'uchu

yemek odası
mikhuna k'uchu

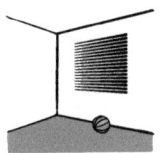

zemin
pampa

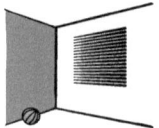

duvar
pirqa

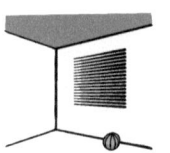

tavan
wasip khatan

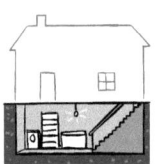

kiler
wasi ukhun

sauna
sawna

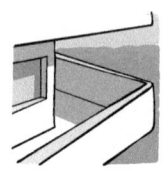

balkon
walkun

teras
pirqa

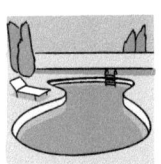

havuz
armakuna

çim biçme makinesi
k'achina

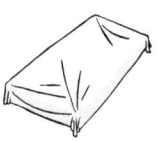

çarşaf
iqana

yatak örtüsü
khatana

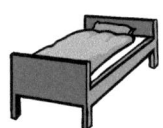

yatak
puñuna

süpürge
pichana

kova
yaku aysana

anahtar
k'ancha jap'ichiq

# oturma odası
## k'illi wanlla

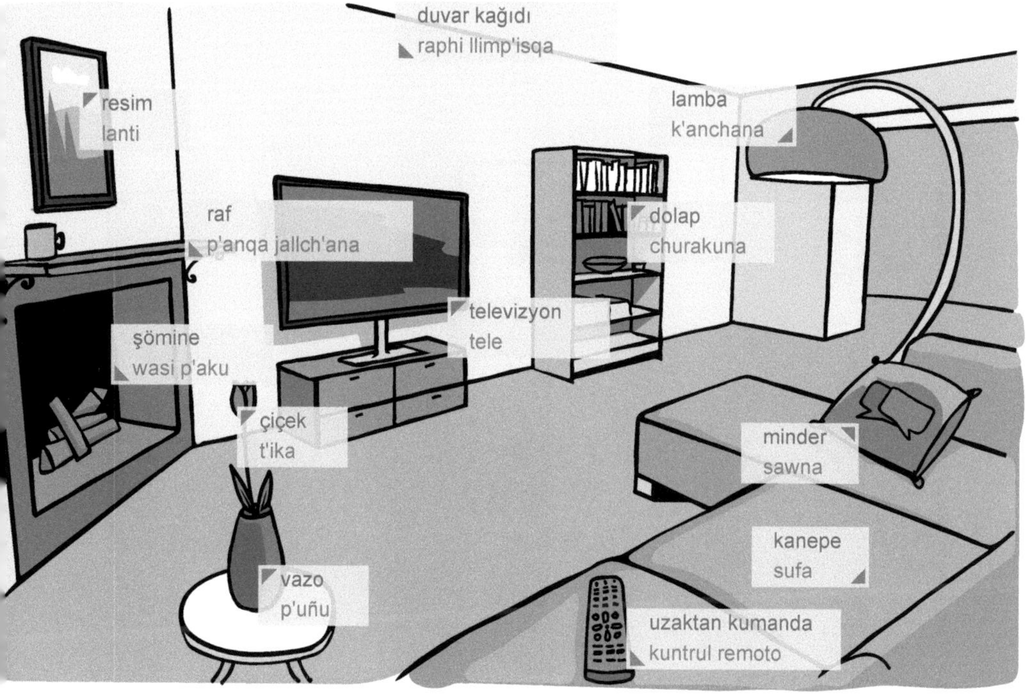

- duvar kağıdı / raphi llimp'isqa
- resim / lanti
- lamba / k'anchana
- raf / p'anqa jallch'ana
- dolap / churakuna
- şömine / wasi p'aku
- televizyon / tele
- çiçek / t'ika
- minder / sawna
- kanepe / sufa
- vazo / p'uñu
- uzaktan kumanda / kuntrul remoto

halı
pampa mast'ana

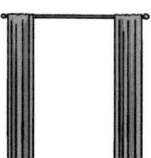

perde
arapa

masa
jamp'ara

sandalye
tiyana

salıncaklı koltuk
chhuku tiyana

koltuk
kirana

kitap
p'anqa

battaniye
mast'a

dekor
t'ikanchay

odun
llamt'a

film
pelikula

hi-fi
takina ekipu

anahtar
ch'atana

gazete
mit'awa

tablo
llimp'i

poster
poster

radyo
wayra simi

defter
qillqana p'anqa

elektrikli süpürge
aspiradora

kaktüs
pukru

mum
ispilma

oturma odası - k'illi wanlla

# mutfak
# wayk'una wasi

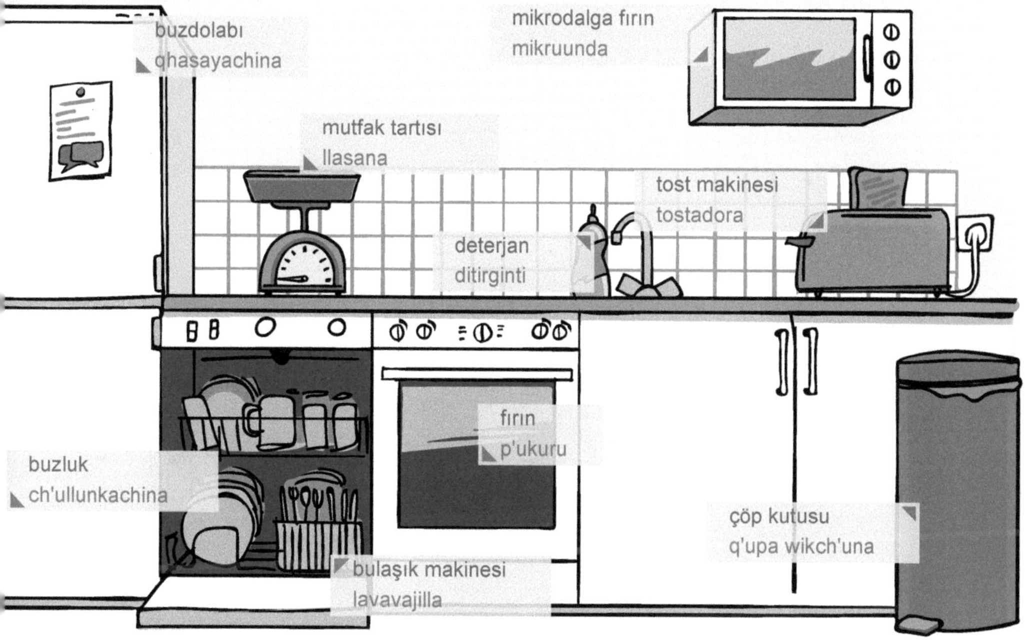

- buzdolabı — qhasayachina
- mikrodalga fırın — mikruunda
- mutfak tartısı — llasana
- tost makinesi — tostadora
- deterjan — ditirginti
- buzluk — ch'ullunkachina
- fırın — p'ukuru
- çöp kutusu — q'upa wikch'una
- bulaşık makinesi — lavavajilla

ocak
presiun manka

tencere
manka

döküm tencere
q'illa manka

wok
wok

tava
payla

su ısıtıcı
thimpuchina

mutfak - wayk'una wasi

buharlı pişirici
wapsina

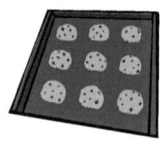

pişirme tepsisi
p'ukuru punku

tabak takımı
vajilla

kupa
tasa

kase
tason

çubuk (çin yemeği)
palillo

kepçe
wislla

spatula
phusuqa urquna

çırpma teli
qaywina

süzgeç
isanka

elek
suysuna

rende
thupana

havan
kutana

barbekü
kawitu

açık ateş
nina jap'ichina

mutfak - wayk'una wasi

kesme tahtası
k'ullu kuchunapaq

merdane
tuquru

tirbüşon
sacacurchu

konserve kutusu
lata

konserve açacağı
lata kichana

fırın eldiveni
jap'ina

evye
chuwa mayllana

fırça
sipillu

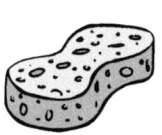
sünger
ispunja

blender
watidora

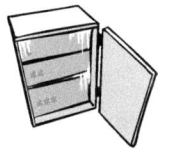
derin dondurucu
ch'ullunkachina

biberon
biberon

musluk
grifo

mutfak - wayk'una wasi

# banyo
## akana wasi

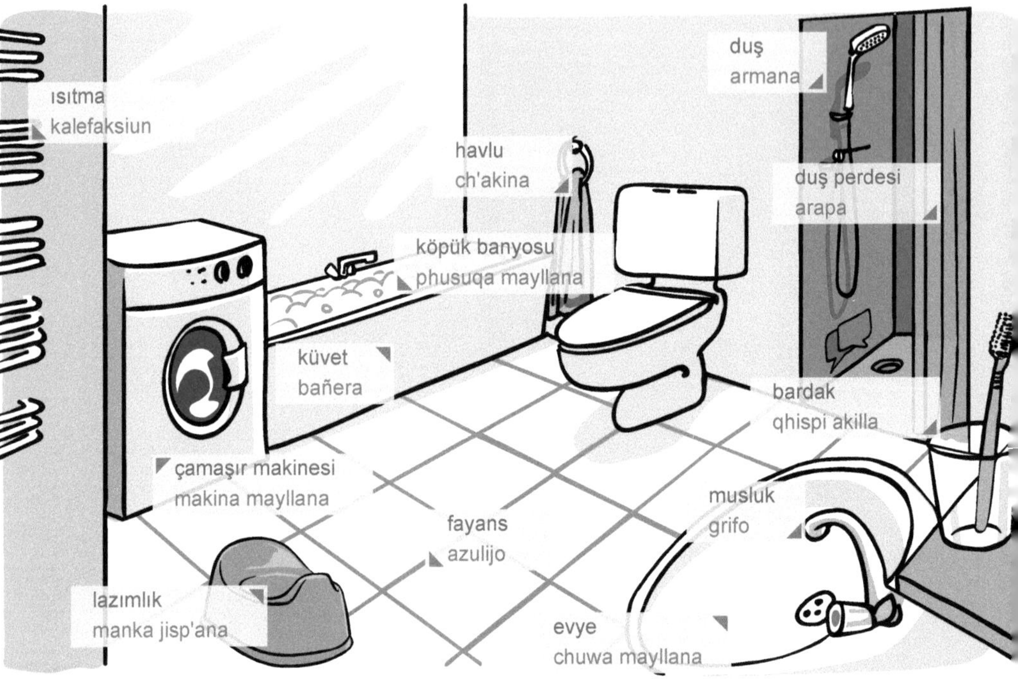

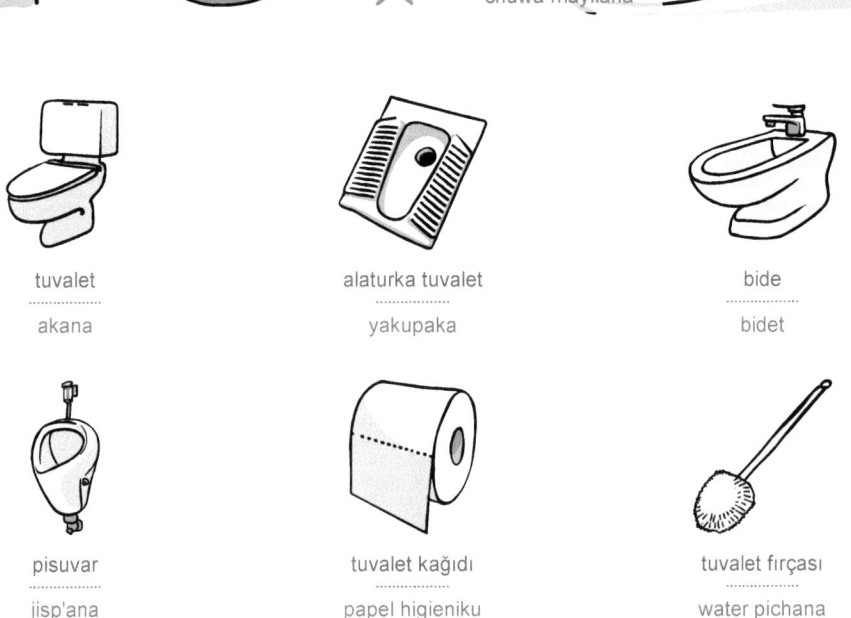

| | | |
|---|---|---|
| tuvalet | alaturka tuvalet | bide |
| akana | yakupaka | bidet |
| pisuvar | tuvalet kağıdı | tuvalet fırçası |
| jisp'ana | papel higieniku | water pichana |

diş fırçası
kiru khituna

diş macunu
kiru pasta

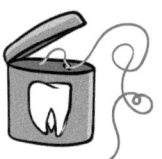

diş ipi
kiru q'aytu

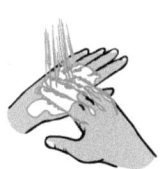

yıkamak
mayllay

duş başlığı
armana makiwan

duş başlığı şeklinde taharet musluğu
armana

küvet
pila

banyo fırçası
wasa cepillo

sabun
t'arta

duş jeli
llukllu armanapaq

şampuan
champu

banyo lifi
ch'akina

gider
ch'chi yaku wikch'una

krem
krima

deodorant
kuntu wayllak'upaq

banyo - akana wasi

ayna
qhispi

el aynası
qhawakunaqhispi

jilet
mumikuna

tıraş köpüğü
phusuqu mumikunapaq

tıraş losyonu
lusiun mumikunapaq

tarak
sikrana

fırça
kuiru khituna

saç kurutma makinesi
sekadora

saç spreyi
ispray

makyaj
makillaji

ruj
simi llimp'ina

tırnak cilası
llimp'i sillu

pamuk
ampi

tırnak makası
sillu k'utuna

parfüm
untu

makyaj çantası
wayaqa ch'usanapaq

tabure
chukuna

tartı
aysana

bornoz
bata

lastik eldiven
maki wayaqa gumamanta

tampon
tampon

kadın pedi
raphi ch'akina

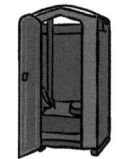
kimyevi tuvalet
akanapaq tiyana kimiku

banyo - akana wasi

# çocuk odası
## wawa k'uchu

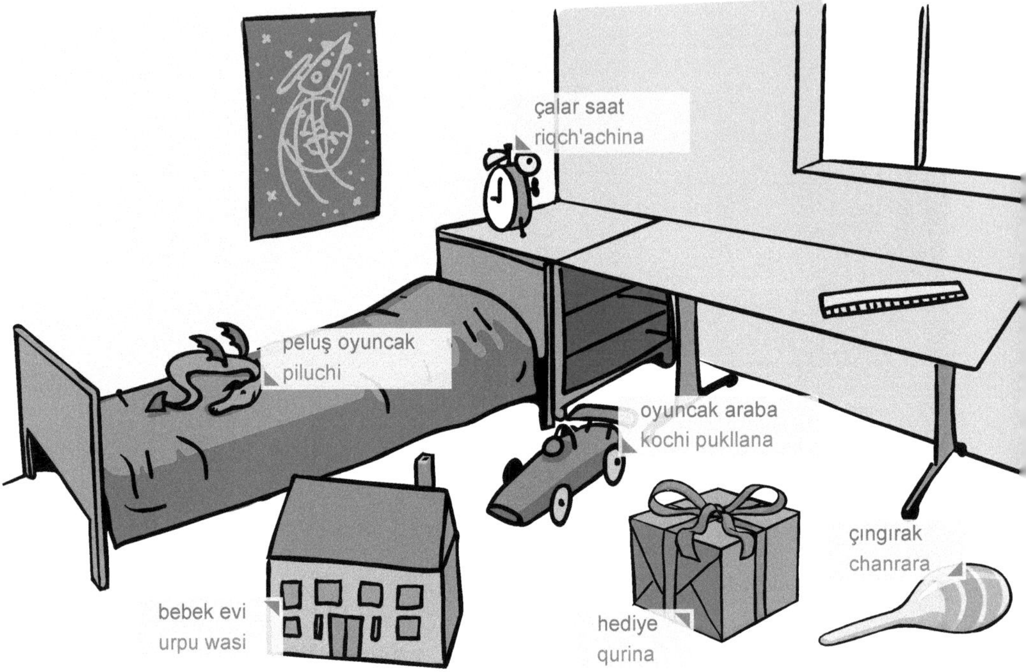

çalar saat
riqch'achina

peluş oyuncak
piluchi

oyuncak araba
kochi pukllana

çıngırak
chanrara

bebek evi
urpu wasi

hediye
qurina

balon
phuyu phuku

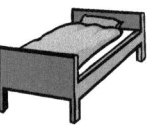

yatak
puñuna

bebek arabası
wawa kochi

kart destesi
naypi

yapboz
pusli

çizgi roman
riwista

lego tuğlaları
legukuna

lego blokları
wluki pukllana

aksiyon figürü
figura aksionmanta

zıbın
wuri wawapaq

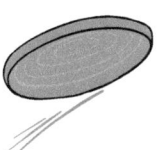

frizbi
friswi

dönence
wawa marq'a

masa oyunu
jamp'ara pukllana

zar
dado

model tren seti
trin iliktriko purina

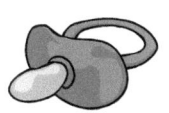

emzik
maniki

parti
raymi

resimli kitap
futu p'anqa

top
p'ulu

oyuncak bebek
urpu

oynamak
pukllay

çocuk odası - wawa k'uchu

kum havuzu
t'iyu p'utaki

salıncak
wallunk'a

oyuncaklar
pukllana

video oyun konsolu
wiriukunsula

üç tekerlekli bisiklet
trisiklu

oyuncak ayı
jukumari pukllana

gardırop
p'acha jallch'ana

# kıyafet
# p'acha

çorap
chakiwayaqa

külotlu çorap
chakiwayaqa qharipaq

tayt
chakiwayaqa

kıyafet - p'acha

dar bluz | pantolon | kot pantolon
wuri | pantalu kurtu | wakiru

etek | bluz | gömlek
arphi | wulusa | kamisa

kazak | süveter | blazer
chumpa | chumpa | blazer

ceket | mont | yağmurluk
chakita | qhata | yawardina

kostüm | elbise | gelinlik
traji | wistiru | wistiru nowiamanta

kıyafet - p'acha

takım elbise
traji

gecelik
kamisun

pijama
piyama

sari
sari

baş örtüsü
wandana

türban
turbante

burka
burka

kaftan
kaftan

çarşaf
abaya

mayo
traje mayllakunapaq

erkek mayosu
p'acha mayllakunpaq

şort
kurtu

eşofman
p'acha tukuy p'unchawpaq

önlük
dilantal

eldiven
makiwayaqa

kıyafet - p'acha

düğme
ch'itana

gözlük
gafakuna

bilezik
maki watana

kolye
wallqa

yüzük
siwi

küpe
linri quri

kep
q'aspa

portmanto
p'acha warkhuna

şapka
chharara

kravat
kurbata

fermuar
pantalu wisk'ana

kask
kasku

pantolon askısı
tirantikuna

okul forması
uniforme

üniforma
uniformi

kıyafet - p'acha

mama önlüğü
llawsanapaq

emzik
maniki

bebek bezi
jananta

## ofis
## ujisina

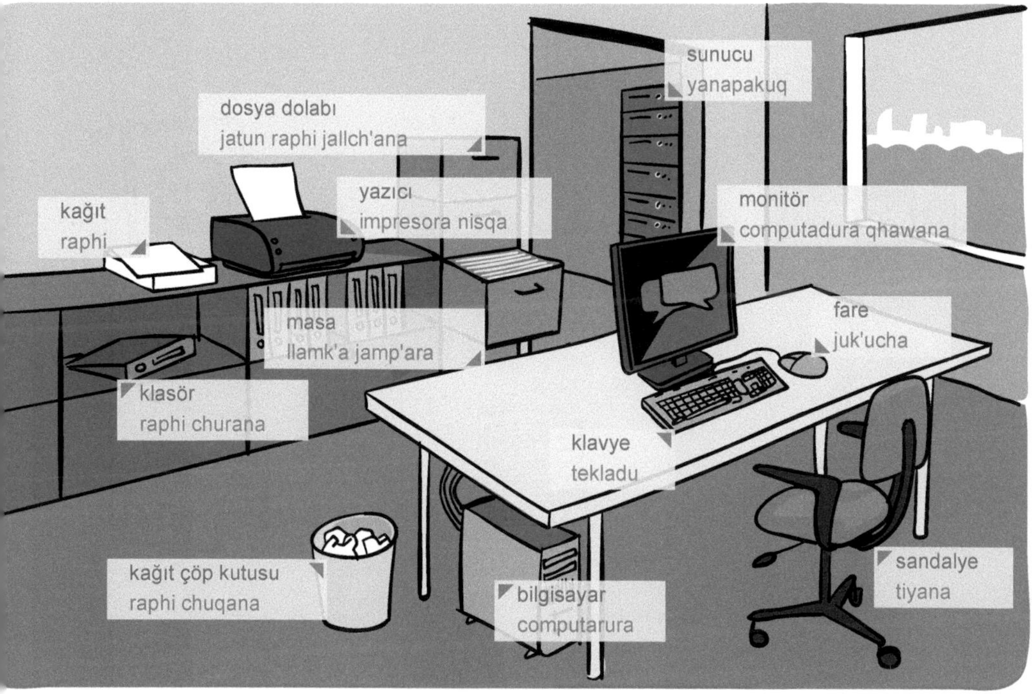

- sunucu / yanapakuq
- dosya dolabı / jatun raphi jallch'ana
- kağıt / raphi
- yazıcı / impresora nisqa
- monitör / computadura qhawana
- masa / llamk'a jamp'ara
- fare / juk'ucha
- klasör / raphi churana
- klavye / tekladu
- kağıt çöp kutusu / raphi chuqana
- bilgisayar / computarura
- sandalye / tiyana

kahve fincanı
tasa cajimanta

hesap makinesi
calcularura

internet
intirnit

dizüstü
laptop

mektup
chaki qillqa

mesaj
willachiy

cep telefonu
silular

ağ
red

fotokopi makinesi
futukopia

yazılım
software

telefon
tilijunu

priz
toma corriente

faks makinesi
faks

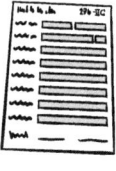
form
jurmulario

belge
asuy qillqa

ofis - ujisina

# ekonomi
## qullqikamay

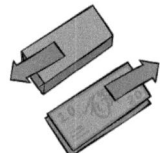
satın almak
ranqhay

ödemek
qupuy

ticaret yapmak
ranqhay

para
qullqi

dolar
dólar qullqi

avro
iwro qullqi

yen
yen qullqi

ruble
ruwlu qullqi

İsviçre frangı
juranku swisu qullqi

Çin yuanı
rinminwi qullqi

rupi
rupia qullqi

kasa
kajiru awtumatiku

döviz bürosu
qullqi rantina wasi

altın
quri

gümüş
qullqi

petrol
pitruliu

enerji
kallpa

fiyat
yupa

kontrat
mink'ay

vergi
impuistu

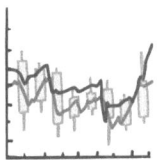

menkul değer
aksiun

çalışmak
llamk'ay

işveren
llamk'achiq

işçi
llamk'achiq

fabrika
puquchiy kiti

mağaza
tienda

ekonomi - qullqikamay

# meslekler
# llamk'aykuna

polis memuru
ajinti policiamanta

itfaiyeci
wumwiru

aşçı
wayk'uq

doktor
jampi kamayuq

pilot
pilutu

bahçıvan
inkill kamayuq

marangoz
llaqllaykamayuq

terzi
siraykamayuq

hakim
khuskachaq

kimyager
jampi ranqhaq

aktör
aranwaq

otobüs şoförü
awtuwus q'iwiq

taksi şoförü
taksi q'iwiq

balıkçı
challwakamayuq

temizlikçi
pichaq

çatı ustası
wasip qhatan

garson
wayna yanapaq

avcı
chakuykamayuq

boyacı
llimp'iq

fırıncı
t'antiri

elektrikçi
iliktrisista

inşaatçı
llam'kaq

mühendis
k'llikacha

kasap
ñak'aq

muslukçu
yaku kamayuq

postacı
qillqa apaq

meslekler - llamk'aykuna

asker
awqakuq

mimar
wasikamayuq

kasiyer
kajiru

çiçekçi
t'ikachaq

kuaför
chukcharutuq

kondüktör
q'iwichiq

tamirci
mikaniku

kaptan
wamink'a

dişçi
kirukamayuq

bilim insanı
jamawt'a

haham
rawinu

imam
k'askachimuq

keşiş
munji

rahip
tata kura

meslekler - llamk'aykuna

# aletler
## ruk'awi

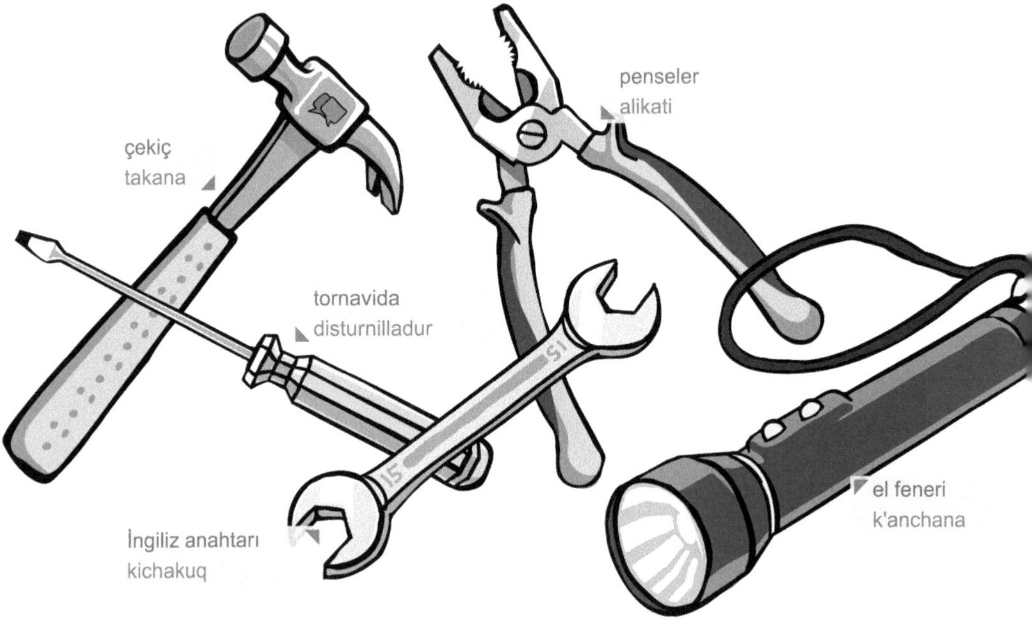

çekiç
takana

penseler
alikati

tornavida
disturnilladur

İngiliz anahtarı
kichakuq

el feneri
k'anchana

kazı makinesi

ikskawadura

alet çantası

ruk'awi p'uktaki

merdiven

wichana makiyuq

testere

sierra

çiviler

takarpu

matkap

talaru

| tamir etmek | kürek | Kahretsin! |
| --- | --- | --- |
| allinchay | lampa | ¡Supay apachun! |

| faraş | boya tenekesi | vidalar |
| --- | --- | --- |
| q'upa tantana | llimp'i churana | turnillukuna |

## müzik enstrümanı
## takichiy nakuna

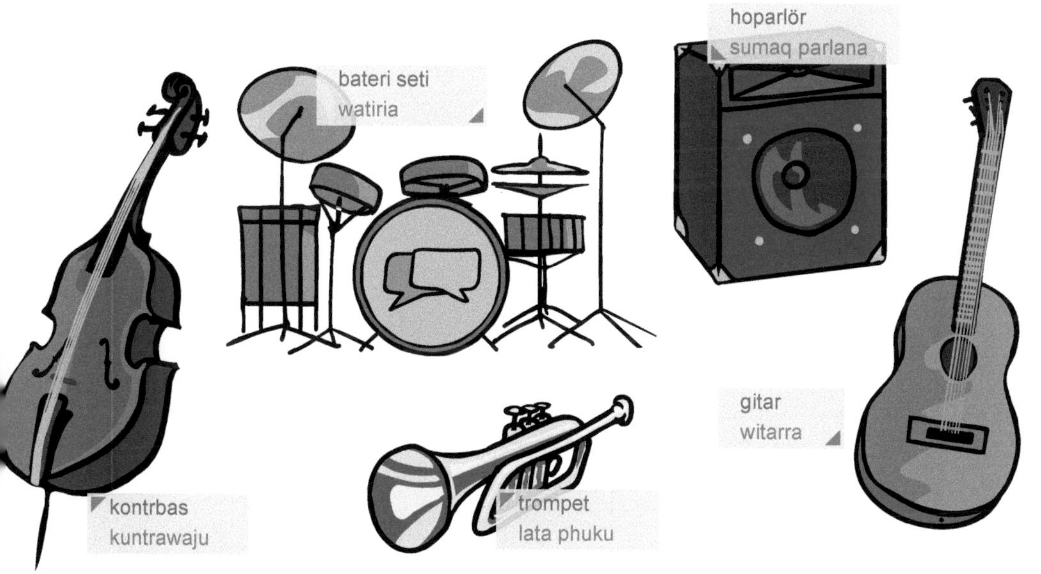

- bateri seti / watiria
- hoparlör / sumaq parlana
- gitar / witarra
- kontrbas / kuntrawaju
- trompet / lata phuku

piyano
pianu

keman
wiulin

basgitar
waju

timpani
tinwalis

bateri
wankar

klavye
tikladu

saksafon
saksu

flüt
phukuna

mikrofon
mikrufunu

müzik enstrümanı - takichiy nakuna

# hayvanat bahçesi
# jatun uywa kancha

- kaplan / uthurunku
- kafes / ch'iwa
- zebra / siwra
- hayvan yemi / uywa mikhunan
- giriş / yaykuna
- panda / panda

hayvanlar
uywa

fil
ilijanti

kanguru
kanguru

gergedan
rinusirunti

goril
gurila

ayı
jukumari

deve
kamillu

deve kuşu
suri

aslan
puma

maymun
k'usillu

flamingo
pariwana

papağan
q'ichichi

kutup ayısı
pular jukumari

penguen
pinwinu

köpek balığı
tiwurun

tavus kuşu
pawu

yılan
katari

timsah
kukuwurilu

hayvanat bahçesi görevlisi
jatun uywa kancha arariwa

fok
fuka

jaguar
uthurunku

hayvanat bahçesi - jatun uywa kancha

midilli atı
puni

leopar
lliwpardu

su aygırı
hipuputamu

zürafa
jirafa

kartal
anka

yaban domuzu
sintiru

balık
challwa

kaplumbağa
turtuga

mors
mursa

tilki
atuq

ceylan
gacila

hayvanat bahçesi - jatun uywa kancha

# sporlar
## atipanaku pukllay

amerikan futbolu
amerikanu papawki pukllay

bisiklete binme
siklu rumpiy

tenis
tenis

basketbol
isanka papawki

yüzme
wat'aku

boks
ñuk'anaku

buz hokeyi
joki

futbol
papawki pukllay

badminton
watmintun

atletizm
lanlak

hentbol
kakcha

kayak
iski

polo
pulu

# etkinlikler
## ruwakuna

- gülmek / asiy
- atlamak / phinkiy
- sarılmak / mak'alliy
- yürümek / puriy
- söylemek / takiy
- hayal etmek / musquy
- dua etmek / mañakuy
- öpmek / much'ay

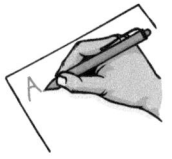

yazmak
qillqay

çizmek
t'iktuy

göstermek
qhawachiy

itmek
tanqay

vermek
quy

almak
uqhariy

sahip olmak
yuq

yapmak
ruway

olmak
kay

ayakta durmak
sayay

koşmak
t'ijuy

çekmek
chuqay

atmak
chuqay

düşmek
urmay

yalan söylemek
siriy

beklemek
suyay

taşımak
apay

oturmak
chukuchiy

giyinmek
p'achachakuy

uyumak
puñuy

uyanmak
rikch'ay

etkinlikler - ruwakuna

bakmak
qhaway

ağlamak
waqay

vurmak
waylluy

taramak
sikray

konuşmak
rimay

anlamak
unanchay

sormak
tapuy

dinlemek
uyariy

içmek
upyay

yemek
mikhuy

düzenlemek
kamachiy

sevmek
khuyay

pişirmek
wayk'uy

sürmek
q'iwiy

uçmak
phaway

etkinlikler - ruwakuna

denize açılmak
wamp'uy

hesapla
yupanchay

okumak
ñawiriy

öğrenmek
yachay

çalışmak
llamk'ay

evlenmek
sawaray

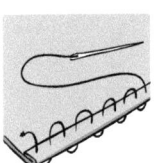
dikmek
siray

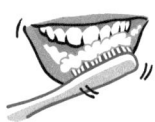
diş fırçalamak
kiru khitukuy

öldürmek
wanchiy

sigara içmek
pitay

yollamak
kachay

# aile
# yawar masikuna

- büyükanne / jatun mama
- büyükbaba / jatun tata
- baba / tata
- anne / mama
- bebek / wawa
- kız / warmi wawa / ususi
- oğul / qhari wawa / churin

misafir
jamuynisqa

teyze
ipa

amca
kaki

erkek kardeş
tura/wawqi

kız kardeş
ñaña/pana

# vücut
## uqhu

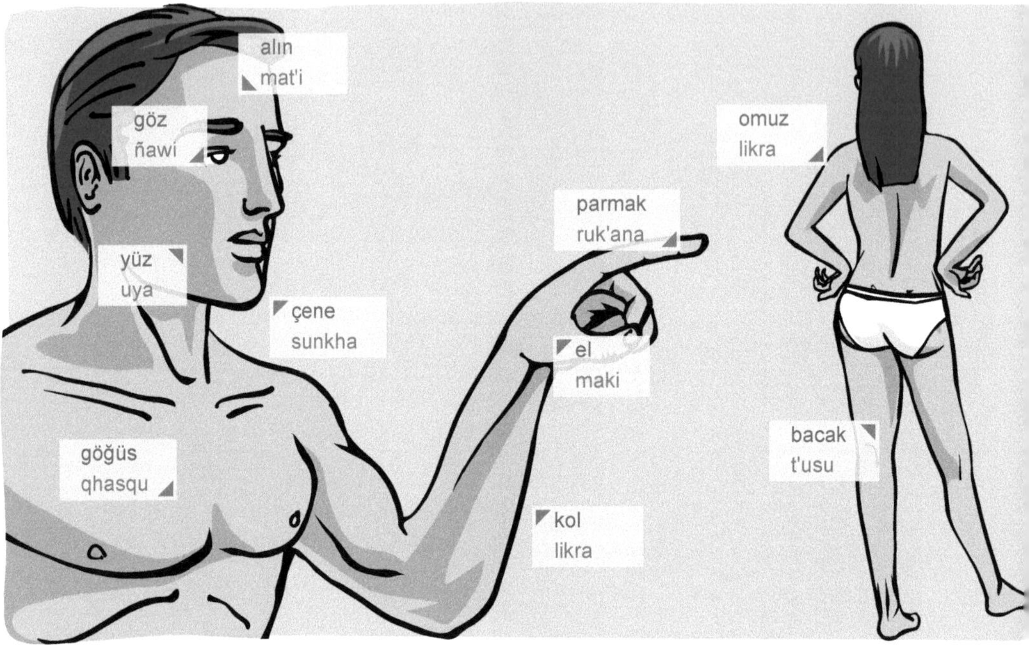

- alın / mat'i
- göz / ñawi
- yüz / uya
- çene / sunkha
- göğüs / qhasqu
- parmak / ruk'ana
- el / maki
- omuz / likra
- bacak / t'usu
- kol / likra

bebek
wawa

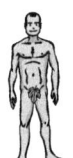

adam
qhari

kadın
warmi

kız
sipas

erkek çocuk
yuqalla

baş
uma

vücut - uqhu

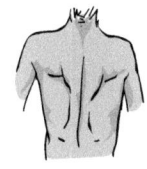
sırt
wasa

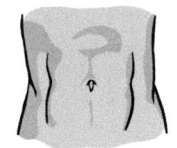
karın
wisa ukhu

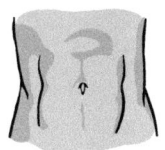
göbek
pupu

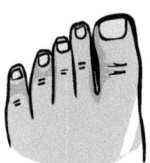
ayak parmağı
ruk'ana

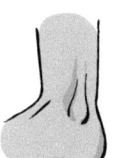
topuk
takillpa

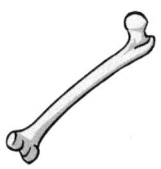
kemik
tullu

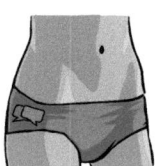
kalça
chaka

diz
muqu

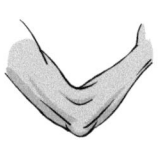
dirsek
maki muqu

burun
sinqa

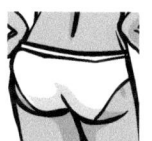
kalça
siki

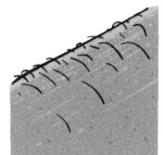
deri
qara

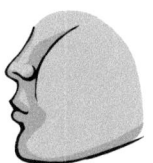
yanak
k'aqlla

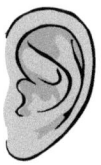
kulak
linri

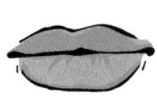
dudak
sipri

vücut - uqhu

ağız
simi

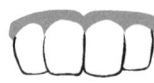
diş
kiru

dil
qallu

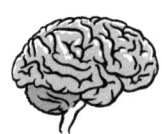
beyin
ñuqtu

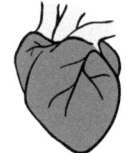
kalp
sunqu

kas
mach'i

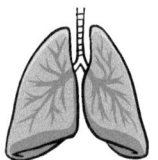
akciğer
surq'an

karaciğer
k'iwicha

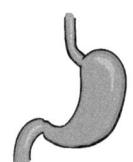
mide
wisa

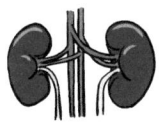
böbrekler
wasa ruru

seks
lluq'anaku

prezervatif
condon

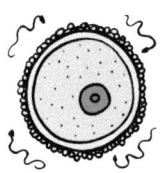
yumurtalık
ch'uytu

sperm
yuma

hamilelik
wiksayuq kay

vücut - uqhu

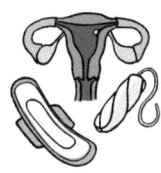  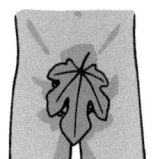

| regl | vajina | penis |
| --- | --- | --- |
| k'ikuy | rakha | ullu |

  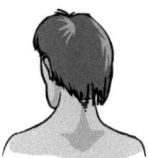

| kaş | saç | boyun |
| --- | --- | --- |
| qhichira | chukcha | kunka |

vücut - uqhu

# hastane
## Jampina wasi

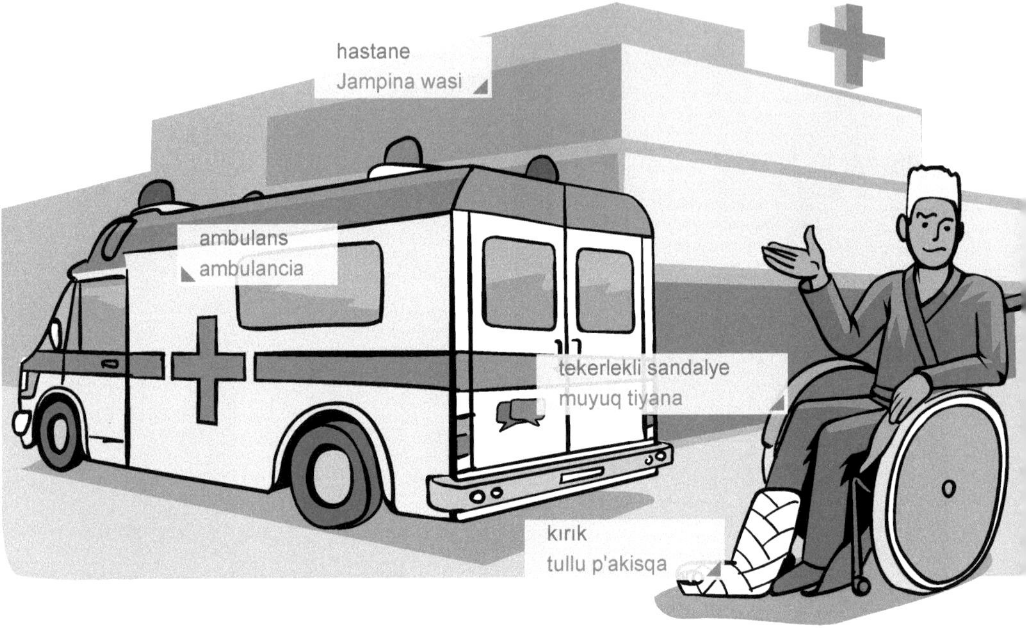

hastane
Jampina wasi

ambulans
ambulancia

tekerlekli sandalye
muyuq tiyana

kırık
tullu p'akisqa

doktor
jampi kamayuq

acil servis
urgencia wasi

hemşire
jampi yanapaq

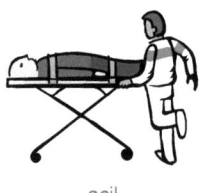

acil
urjinsia

baygın
mana yuyayniyuqchu

acı
nanay

yaralanma
ñuti

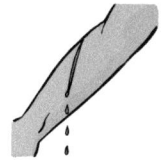
kanama
sirk'ay

kalp krizi
infarto

felç
wayra

alerji
millachikuq

öksürük
ch'uju

ateş
k'aja unquy

grip
p'urqi

ishal
q'icha

baş ağrısı
uma nanay

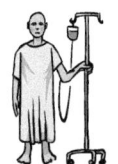
kanser
isqu unquy

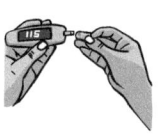
şeker hastalığı
diyawitis

cerrah
jampi kamayuq

neşter
bisturi

operasyon
upirasiun

hastane - Jampina wasi

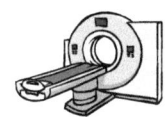

bilgisayarlı tomografi
TAC

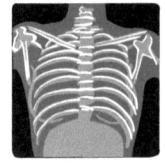

röntgen
tullurikuchi

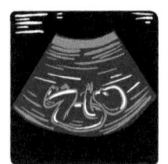

ultrason
ultrasunidu

yüz maskesi
jark'ana

hastalık
unquy

bekleme odası
suyanapaq k'illi wanlla

koltuk değneği
tawna

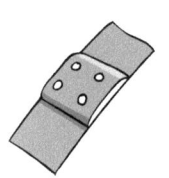

yara bandı
tinta

bandaj
manku

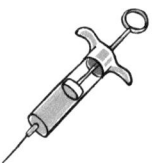

enjeksiyon
inyiksiun

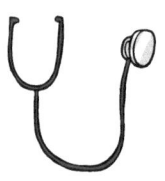

steteskop
istituskupiu

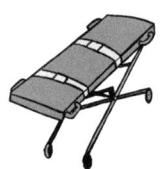

sedye
kallapu

tıbbi termometre
llaphi tupuna tupu

doğum
paqarisqa

fazla kilo
wirachasqa

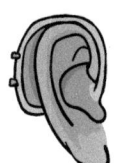
işitme cihazı
audifono

dezenfektan
disinjiktanti

enfeksiyon
q'iyacha

virüs
miyu

HIV / AIDS
VIH / SIDA

ilaç
jampi

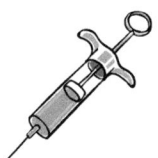
aşı
wakuna

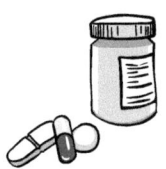
tablet
tawlitakuna

hap
pastilla

acil çağrı
usqay waqyana

tansiyon aleti
tinsiumitru

hasta / sağlıklı
unqusqa / qhali

hastane - Jampina wasi

# acil
## urjinsia

| | | |
|---|---|---|
| İmdat! <br> ¡Yaw! |  <br> alarm <br> alarma |  <br> darp <br> manchay |
| 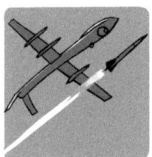 <br> saldırı <br> waykha |  <br> tehlike <br> chhiki |  <br> acil çıkış <br> punku utqay lluqsinapaq |
| Yangın! <br> ¡Nina! |  <br> yangın tüpü <br> nina wañichiq |  <br> kaza <br> ñak'ariy |
| 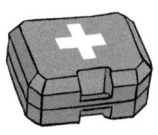 <br> ilk yardım çantası <br> botiquin de primeros auxilios |  <br> imdat <br> SOS |  <br> polis <br> pulisiya |

# dünya
# Pacha

Avrupa
Iwrupa

Kuzey Amerika
Chincha Amerika

Güney amerika
Qulla Amerika

Afrika
Ajurika

Asya
Asia

Avustralya
Awstralia

Atlantik
Atlantiku

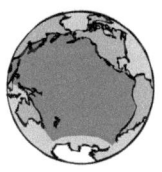
Pasifik
Pasijiku

Hint Okyanusu
Indiku mama qucha pacha

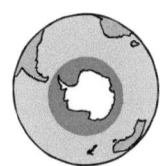
Antarktika Okyanusu
Antartiku mama qucha pacha

Arktik Okyanusu
Artiku mama qucha pacha

Kuzey Kutbu
chincha pulu

Güney Kutbu
qulla pulu

Antarktika
Antartida

dünya
Pacha

kara
jallp'a

deniz
mama qucha

ada
tara

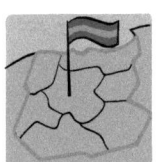
ulus
llaqta

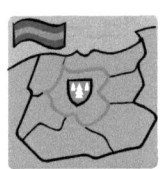
ülke
Suyu

dünya - Pacha

## saat
## phani (kuna)

kadran
muruq'u

akrep
phani tuqsiq

yelkovan
chininiq

saniye ibresi
ch'ipu yupaq

Saat kaç?
¿Ima phanitaq?

gün
p'unchaw

zaman
pacha

şimdi
kunan

dijital saat
dijital inti watana

dakika
chinini

saat
phani

saat - phani (kuna)

# hafta
## qanchischaw

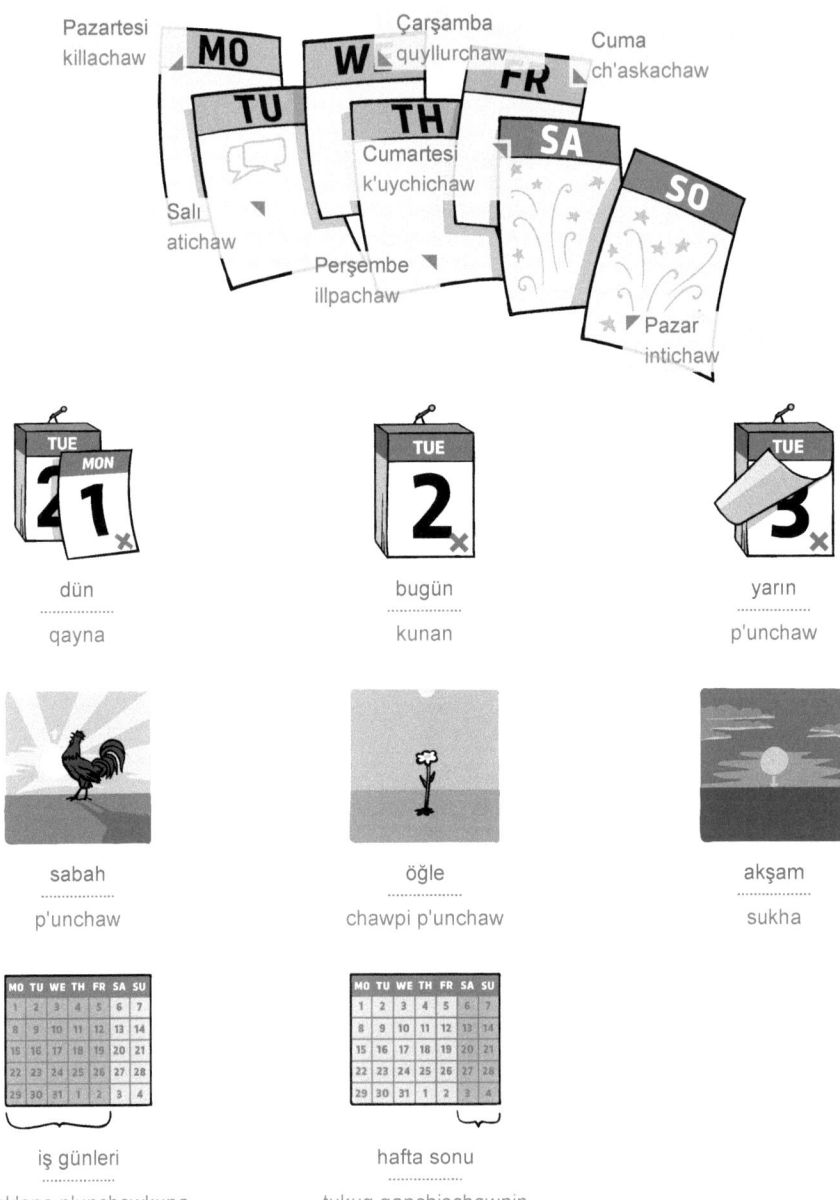

hafta - qanchischaw

# yıl

# wata

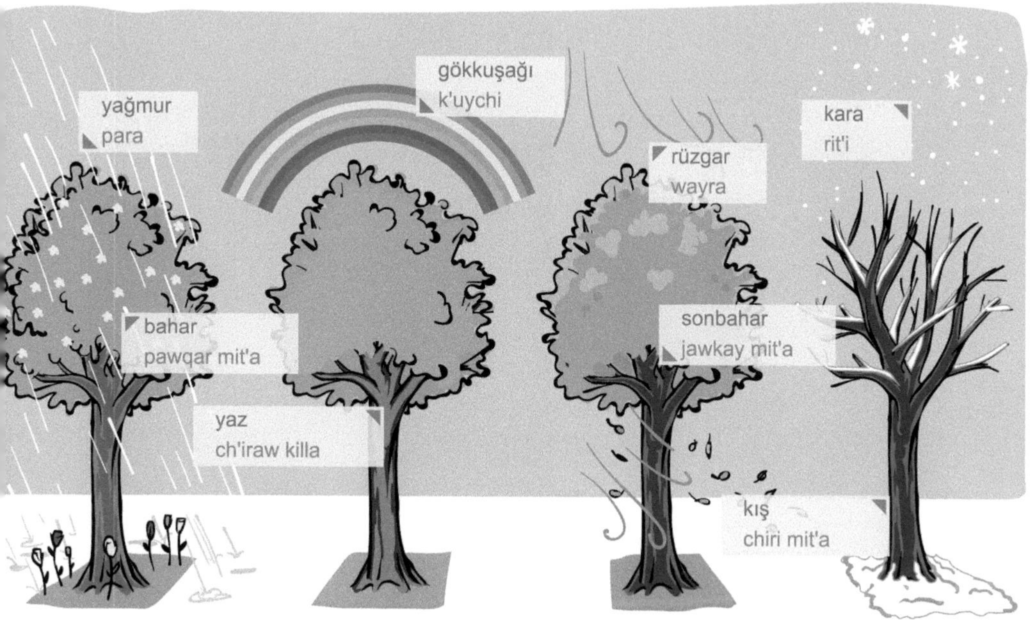

yağmur
para
gökkuşağı
k'uychi
rüzgar
wayra
kara
rit'i
bahar
pawqar mit'a
sonbahar
jawkay mit'a
yaz
ch'iraw killa
kış
chiri mit'a


4.APRIL 11°
5.APRIL 4°
6.APRIL 13°
7.APRIL 8°
8.APRIL 10°


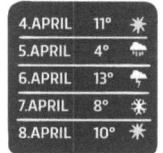

hava durumu tahmini

inti raki

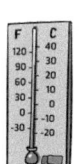

termometre

tirmumitru

güneş ışığı

inti

bulut

phuyu

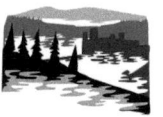

sis

phuyu

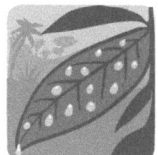

nem

juq'u

şimşek
illapa

gök gürültüsü
illapa

fırtına
tamya

dolu
chikchi

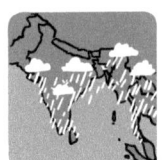
muson
muyuq wayra

sel
lluqlla

buz
chullunka

Ocak
qhaqmiy killa

Şubat
jatunpuquy killa

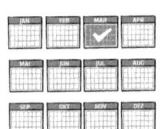
Mart
pachapuquy killa

Nisan
ariwaki killa

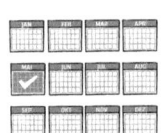
Mayıs
aymuray killa

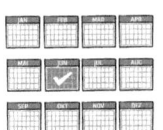
Haziran
jawkaykuskuy killa

Temmuz
chakrakunakuy killa

Ağustos
chakraypuy killa

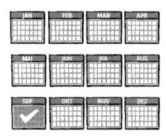
Eylül
tarpuy killa

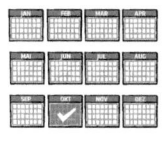
Ekim
pawqarwara killa

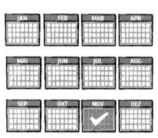
Kasım
ayamarq'ay killa

Aralık
qhapaq inti raymi killa

## şekiller
## pacha tupusqa rikch'ay

daire
muyu yupa

kare
tawak'uchu yupa

dikdörtgen
sayt'u yupa

üçgen
kimsa k'uchu yupa

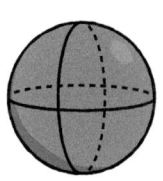
küre
muruq'u

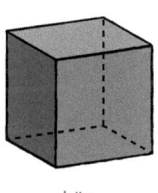
küp
yupa wayru

# renkler
## llimp'ikuna

beyaz
yurak

sarı
q'illu

turuncu
willapi

pembe
panti

kırmızı
puka

mor
kulli

mavi
anqas

yeşil
q'umir

kahverengi
ch'umpi

gri
uqi

siyah
yana

# zıt anlamlılar
# wakjinakuna

çok / az        kızgın / sakin        güzel / çirkin

achkha / pisi        phiña / qhasi        k'acha / millay

başlangıç / son        büyük / küçük        parlak / karanlık

qallariy / tukuy        jatun / juch'uy        sut'i / tuta

erkek kardeş / kız kardeş        temiz / kirli        tamam / eksik

wawqi / pana        llimphu / ch'ichi        junt'asqa / mana junt'asqa

gün / gece        ölü / canlı        geniş / dar

p'unchaw / tuta        wañusqa / kawsaq        chhuqu / k'ichki

yenilebilir / yenilemez

mikhunapaq / mana mikhunapaqchu

kötü / iyi

sakra / k'acha

heyecanlı / sıkılmış

kusisqa / majisqa

şişman / zayıf

rakhu / tullu

ilk / son

ñawpaq / qhipa

dost / düşman

masi / awqa

dolu / boş

junt'a / ch'in

sert / yumuşak

k'urki / llamp'u

ağır / hafif

llasa / chhalla

açlık / susuzluk

yarqhay / ch'akiy

hasta / sağlıklı

unqusqa / qhali

yasa dışı / yasal

chanin / mana chanin

zeki / aptal

yuyaysapa / upa

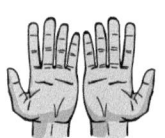

sol / sağ

lluq'i / paña

yakın / uzak

qaylla / karu

zıt anlamlılar - wakjinakuna

yeni / kullanılmış
musuq / mawk'a

hiçbir şey / bir şey
ch'usaq / imapis

yaşlı / genç
machu / wayna

açma / kapama
jap'isqa / wanchisqa

açık / kapalı
kichasqa / wisq'asqa

sessiz / gürültülü
ch'in / ch'aqwa

zengin / fakir
qhapaq / wakcha

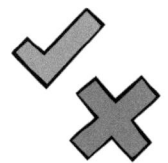

doğru / yanlış
chiqan / mana chiqan

pürüzlü / düz
qhachqa / llamp'u

üzgün / mutlu
llakisqa / kusi

kısa / uzun
k'aka / karu

yavaş / hızlı
jayra / utqay

ıslak / kuru
juq'u / ch'aki

sıcak / serin
rupha / chiri

savaş / barış
awqay / sunqu tiyakuy

zıt anlamlılar - wakjinakuna

# sayılar
## yupaykuna

**0**
sıfır
ch'usak

**1**
bir
uk

**2**
iki
iskay

**3**
üç
kimsa

**4**
dört
tawa

**5**
beş
phichqa

**6**
altı
suqta

**7**
yedi
qanchis

**8**
sekiz
pusaq

**9**
dokuz
jisq'un

**10**
on
chunka

**11**
on bir
chunka ukniyuq

**12**
on iki
chunka iskayniyuq

**13**
on üç
chunka kimsayuq

**14**
on dört
chunka tawayuq

**15**
on beş
chunka phichkayuq

**16**
on altı
chunka suqtayuq

**17**
on yedi
chunka qanchisniyuq

**18**
on sekiz
chunka pusaqniyuq

**19**
on dokuz
chunka jsq'unniyuq

**20**
yirmi
iskay chunka

**100**
yüz
pacha

**1.000**
bin
waranqa

**1.000.000**
milyon
junu

sayılar - yupaykuna

# diller
## simikuna

İngilizce
inklis simi

Amerikan İngilizcesi
amerikanu inklis simi

Çince (Mandarin)
mandarin chinu simi

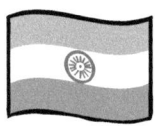

Hintçe
jindi simi

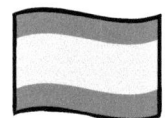

İspanyolca
castilla simi

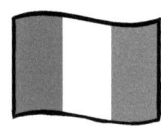

Fransızca
fransis simi

Arapça
arabia simi

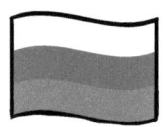

Rusça
rusia simi

Portekizce
purtugal simi

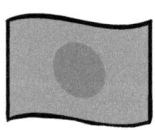

Bengalce
bingali simi

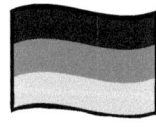

Almanca
alimania simi

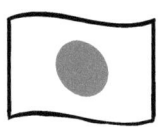

Japonca
japun simi

## kim / ne / nasıl
## pi / ima / imayna

ben
ñuqa

sen
qam

o
pay / pay / chay

biz
ñuqanchik

siz
qamkuna

onlar
paykuna

kim?
¿pitaq?

ne?
¿imataq?

nasıl?
¿imaynataq?

nerede?
¿maypitaq?

ne zaman?
¿mayk'aq?

isim
suti

# nerede
## maypi

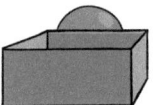

arkasında
qhipa

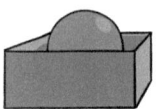

içinde
pi

önünde
ñawpaq

üzerinde
pantanpi

üstünde
pata

altında
uranpi

yanında
kuska

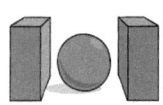

arasında
chawpi

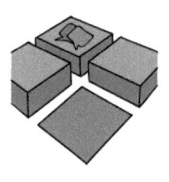

yer
chiqan